Herstellung und Verlag: BoD – Books on Demand, Norderstedt.
ISBN: 9783748168010

Inhalt:

Zum Geleit

Das dritte Buch der „Hettstadter Geschichte(n)" beschäftigt sich in der Hauptsache mit den Folgen des 1. April 1945, nach der Zerstörung des Ortes Hettstadt.
Der Wiederaufbau des Ortes erforderte viel Kraft aber auch viel Hilfsbereitschaft, Flexibilität, Organisationstalent sowie Beziehungen.
In relativ kurzer Zeit, binnen sechs bis sieben Jahren, war der Ort soweit wiederhergestellt, dass ein normales Dorfleben wieder Einzug halten konnte.
Von dem großen Willen zum Wiederaufbau der Einwohner erzählt dieser Band der „Hettstadter Geschichte(n)`".

Im zweiten Teil des Buches werden neue Erkenntnisse und Nachträge zum Buch „Der Kampf um Hettstadt" beschrieben. So mussten ein paar Aussagen korrigiert werden, neue Informationen kamen hinzu. Dazu kamen auch ein paar neue Bilder und eine Luftaufnahme der alliierten Streitkräfte vom September 1944, die von dem damals noch unzerstörten Hettstadt zeugt.

Ich wünsche meinen Lesern mit diesem Buch.

Hettstadt im November 2018
Mike Geis

Der Wiederaufbau Hettstadts

Das Regime der Nationalsozialisten im sogenannten Dritten Reich, war für die Bürger von Hettstadt zu Ende. Am 1. April 1945 hatten amerikanische Streitkräfte nach harten Kämpfen gegen Einheiten der deutschen Wehrmacht den Ort erobert und somit befreit.
Doch die Eroberung Hettstadts durch die amerikanischen Streitkräfte bedeutete, aufgrund der harten Kämpfe, massive Schäden für den Ort. Neben dem Tod von zehn Zivilpersonen, darunter auch zwei Kinder, brachten, bedingt durch die Brände, vor allem die zerstörten Gebäude und das getötete Vieh, sehr große Einschnitte für die Bevölkerung mit sich.

Anhand von Protokollen der Gemeinde Hettstadt, von Veröffentlichungen, Niederschriften des damaligen Pfarrers August Wörner und vielen Gesprächen mit Hettstadter Bürgern, die zu dieser Zeit Kinder, Jugendliche oder bereits Erwachsene waren. habe ich versucht. den anstrengenden Prozess des Wiederaufbaus von Hettstadt darzustellen.
Der Zustand des Ortes

Der ganze Ortskern von Hettstadt, bestehend meist aus Bauernhöfen, war ausgebrannt, sehr viel Hab und Gut zerstört: landwirtschaftliche Maschinen, Gerätschaften und auch Vieh, mithin bei vielen Leuten die Grundlage ihrer Existenz.
81 Wohnhäuser, das waren 50 Prozent, sowie 75 Scheunen und 77 Ställe waren zerstört. 21 Prozent der Viehbestände, davon 147 Stück Großvieh wie Rinder und Pferde, waren tot und 67 Prozent der Futtervorräte vernichtet. Ca. 300 Personen aus 99 Haushaltungen, das entsprach 39 Prozent der Bevölkerung, waren obdachlos.

Der Schaden nur an den Gebäuden wurde von offizieller Seite auf 1,3 Millionen Reichsmark (RM) geschätzt.

Erschwerend kam hinzu, dass es weder eine Telefonverbindung- noch eine Postverbindung gab. Das gesamte öffentliche Leben lag darnieder. Es gab nur die Militärverwaltung, und diese hatte andere

Schwerpunkte, als sich um die anstehenden zivilen Belange zu kümmern.

Es gab vorerst keine öffentlichen Stellen, an die sich Zivilpersonen oder Gemeindevertreter wenden konnten. Die Gemeinderäte des alten Regimes waren von der amerikanischen Militärverwaltung sofort abgesetzt worden. Der bisherige Bürgermeister August Wolf hatte nur eingeschränkte Handlungsmöglichkeiten, da er von den Nationalsozialisten eingesetzt worden war. Es herrschte über etliche Monate ein Vakuum. Eine der wenigen „offiziellen" Respektspersonen war Pfarrer August Wörner. Schon während der Angriffe am 1. April hatte er Übermenschliches geleistet, um Leben zu retten und die Brände im Dorf einzudämmen. Das Viertel um das Pfarrhaus und die Kirche herum verzeichnete die geringsten Gebäudeschäden, was unter anderem seinem großen Einsatz zu verdanken war.

In den ersten beiden Wochen nach der Eroberung Würzburgs am 6. April 1945 durch die amerikanischen Streitkräfte gab es keine öffentliche Ordnung. Man nannte diese beiden Wochen „die Besatzungsohnmacht".

Auch die Landkreisverwaltung lag darnieder. Erst am 25. Juli 1945 wurde von den Amerikanern der Würzburger Rechtsanwalt Michael Meisner zum Landrat ernannt. Dieser baute nach und nach wieder eine handlungsfähige Verwaltung auf.

Ein jeder musste für sich selbst sorgen. Plünderungen waren keine Seltenheit. Auch von Hettstadter Bürgern wurde immer wieder erzählt, dass ein Lager in Zell am Main ausgeräumt wurde. Wer die Möglichkeit hatte dorthin zu kommen, holte was er nur tragen konnte. Mit Handwägen, in Rucksäcken oder mit noch vorhandenen Leiterwägen wurde das Beutegut nach Hettstadt gebracht.

Außer einem Fahrrad und einem Fuhrwerk von Heinrich Kempf- gab es keine weiteren Fahrzeuge mehr in Hettstadt. Mit dem Fahrrad wurden die Fahrten unternommen, um Maurer und Zimmerleute zu finden, die bereit waren, beim Wiederaufbau von Hettstadt zu helfen. Es wurde nach Werkzeugen, Maschinen und sonstigem Baumaterial gesucht. Doch fast überall fehlte es an allem. Gerade Arbeiter fehlten

völlig. Die wenigen, die es gab, waren im zerstörten Würzburg eingesetzt.
Um das Fuhrwerk des Gastwirtes Heinrich Kempf zu benutzen, bedurfte es aber der Genehmigung der Militärregierung, doch diese ließ lange auf sich warten.

All diese Hindernisse konnten die Einwohner von Hettstadt aber nicht stoppen. Sie gingen sofort ans Werk. Und so waren trotz all dieser Widrigkeiten im Oktober 1946 bereits 21 Wohnhäuser, 4 Scheunen und 38 Stallungen wieder aufgebaut.

Grundversorgung

Auch viele Geschäfte und Betriebe waren nach dem Angriff zerstört und konnten nicht arbeiten bzw. produzieren.
Gerade die lebensmittelverarbeitenden bzw. - produzierenden Betriebe hatten absoluten Vorrang vor allen anderen wichtigen Aufgaben, da sie überlebensnotwendig waren.

Das gemeindliche Backhaus war zum Glück unbeschädigt geblieben. Der freie Platz um das Backhaus herum hatte es vor dem Feuer verschont. Eine der ersten organisatorischen Maßnahmen des im Juli 1945 neu eingesetzten Gemeinderates war, die Nutzung im gemeindlichen Backhaus zu regeln. Die Reihenfolge, in der die Einwohner backen durften, wurde ausgelost. Man nannte das „Spielen". Meist backten zwei Parteien gleichzeitig, da zwei Öfen vorhanden waren. Im Sommer wurden fünf Durchgänge gebacken. Im Winter vier. Immer von Montag bis Samstag. So konnten viele Einwohner ihren Bedarf an Brot decken. Zudem hatten etliche Höfe eigene Backöfen, die genutzt wurden.

Bäckerei von Peter Gehr, links im Hof sieht man das alte Haus

Bei der Bäckerei von Peter Gehr war das zur Würzburger Straße stehende, 1938 erbaute Gebäude von den Flammen verschont geblieben. Nur das alte Wohnhaus im hinteren Teil des Hofes war abgebrannt. So konnte bei Gehr nahtlos die Versorgung mit Brot wieder aufgenommen werden soweit Mehl vorhanden war. Die Bäckerei von Robert Noeth- gegenüber, war schwerer beschädigt. Hier wurde auf das erhaltene Erdgeschoss ein Notdach aufgebracht, damit zumindest gebacken werden konnte.

Die Bäckerei von Robert Noeth – vor der Zerstörung ca. 1920

Die Gebäude der Metzgereien Georg Schmitt, Adlergasse 1, und Michael Siedler, Würzburger Straße 56, waren zum Teil zerstört, ebenso das Haus des Schmieds Michael Blatz.

Metzger Siedler konnte recht schnell eine provisorische Metzgerei eröffnen. Das Wohnhaus war zwar total zerstört, das Schlachthaus und die Metzgerei waren aber weitestgehend erhalten geblieben. Allerdings wohnte die Familie bis 1959 in den Baracken. Erst dann konnte sie die neu erbaute Metzgerei in der Kirchgasse beziehen.

Metzger Georg Schmitt war zu alt, um einen Neuanfang zu wagen.

Wohnsituation

Bei den Angriffen am 1. April 1945 waren etliche Hettstadter Bürger zu Verwandten in die umliegenden Dörfer oder in die Hettstadter Wälder geflohen. Diese kamen jedoch so schnell wie möglich wieder zurück nach Hettstadt, um mit dem Wiederaufbau ihrer Häuser, Ställe und Scheunen zu beginnen. Natürlich auch, um ihr nicht zerstörtes Hab und Gut zu schützen. Erschwert wurde das Ganze durch die insgesamt miserable Wohnsituation. Vor dem 1. April 1945 waren schon 600 evakuierte Personen aus Würzburg in Hettstadt untergekommen. Ca. 400 bis 500 Menschen waren zum Zeitpunkt des Angriffes noch in Hettstadt. Zu diesen kamen nun noch die Einwohner, die ihre Häuser und Wohnungen bei den Kämpfen verloren hatten.

Zudem nahmen die amerikanischen Soldaten einige der unbeschädigten Häuser als Quartiere in Beschlag.

Wer konnte, kam bei Verwandten in Hettstadt oder in anderen Orten unter. Was an Gebäuden noch einigermaßen brauchbar war, wurde hergerichtet. Wie in anderen zerstörten Städten und Ortschaften lebten viele Menschen in Notunterkünften.

Die Familien Endres und Kaufmann im ehemaligen Stall im Pfarrhof

Die Leute wohnten in Kellern, Waschküchen, teilweise erhaltenen Wohnhäusern oder in Ställen und Schuppen, die notdürftig hergerichtet worden waren.

In den unzerstört gebliebenen Häusern teilten sich vielköpfige Familien ein Zimmer. Die Küche wurde mit anderen Familien gemeinsam genutzt.
So konnten in einem Einfamilienhaus durchaus 14 – 16 Personen zusammengepfercht sein: -durch die Brände geschädigte Verwandte, Ausgebombte aus Würzburg oder auch Verwandte aus anderen Regionen, die sich vor Bombenangriffen auf andere Städte in Hettstadt in Sicherheit wähnten.
In den ersten drei Wochen nach der Brandkatastrophe waren allein im Kindergarten 80 Personen untergebracht, bis sie eine neue Bleibe fanden oder ihr eigener Wohnraum wieder halbwegs hergestellt war.
Auch der Pfarrhof war mit etlichen Personen, deren Häuser abgebrannt waren, belegt. In dem ehemaligen Stall, der als Pfarrjugendheim ausgebaut worden war, wohnten die Familien

Endres und Kaufmann. Deren Wohnhaus in der Brunnengasse war ebenfalls ein Opfer des Feuers geworden. Im Pfarrhaus selbst war ein Zimmer an Frau Höfling mit ihrer Enkelin abgegeben worden. Auch deren Haus in der Kirchgasse war durch die Kampfhandlungen zerstört worden.

Als Beispiel für die Belegung eines nicht zerstörten Hauses soll das Haus von Johann Weidner in der Martinstraße 16 dienen. Das Haus, am Ortsrand von Hettstadt gelegen, hatte die Angriffe unbeschädigt überstanden. Nun wohnten zusätzlich zu der fünfköpfigen Familie Weidner weitere zehn Personen in dem Haus-: Mieter, die schon vorher dort wohnten, Evakuierte aus Würzburg und aus Großstädten geflohene Verwandte.

Oder – das Anwesen der Familie Josef Löser, Hausnummer 22 (Kirch-gasse), war komplett abgebrannt und die Familie stand auf der Straße. Ihre Nachbarin- Juliane Rothenbucher,- Hausnummer 23, war nach den Angriffen direkt zu ihren Verwandten, der Familie Benedikt, in die Martinstraße gegangen. Da sie dort eine, wenn auch beengte, Bleibe hatten, bot sie der Familie Löser an, ihr Häuschen vorübergehend zu nutzen. Dort blieb die Familie Löser bis in den Oktober 1945. Ein Teil der Familie Löser „wohnte" im Garten in einem Häuschen mit einem Brutapparat für Hühner.

Durch Beziehungen schafften sie es aber, ihr Anwesen bis April 1946 weitestgehend wieder aufzubauen und einzuziehen.

In Begleitung von Gendarmeriebeamten, die zu dieser Zeit schon wieder bewaffnet waren, führte die Wohnungskommission im Herbst 1945 eine Hausbegehung durch, um freien Wohnraum aufzufinden. Diese Aktion war jedoch nicht von Erfolg gekrönt, da man in dem vorhandenen Wohnraum eher von Überfüllung sprechen konnte. Freier Wohnraum wurde nicht gefunden.

Die Baracken „Am Trieb" wurden ebenfalls als Notwohnungen genutzt. Die deutsche Wehrmacht hatte die Baracken als Unterkunft für die Soldaten der Flak-Abteilungen, die dort und auf der Höhe „Stadtweg" stationiert waren, eingerichtet. Es wurden einfache

Holzbauten mit kleinen Räumen und einfachen Fenstern, ohne Strom oder Wasserversorgung. Die Baracken wurden erst im September 1946 mit Strom versorgt. Ebenso waren erst im November 1946 zwei Gemeinschaftstoiletten angelegt. Dies waren „Plumpsklos", die außerhalb der Baracken standen. Zu diesem Zeitpunkt wurde von Spenglermeister Alfons Roos auch eine Wasserleitung zu den Baracken verlegt. Die Wasserausgabestelle befand sich außerhalb der Baracken und musste im Winter dick eingepackt werden, damit sie nicht einfror.

Die Baracken als Wohnunterkunft

Im Februar 1946 wurde vom Gemeinderat beschlossen, einen Weg zu den Baracken anzulegen und diesen mit Steinen zu rollieren. Doch war dieser Weg, vor allem bei schlechtem Wetter, oft in sehr schlechtem Zustand. Dies war vor allem für die dort wohnenden Kinder, die zur Schule mussten, unangenehm, da sie immer schmutzige Schuhe hatten.

Auf eine Miete der Bewohner wurde zu diesem Zeitpunkt noch verzichtet. Jedoch mussten sie eine Pauschalgebühr für Strom und Wasser zahlen. Diese lag im März 1947 bei 5 Reichsmark.

Im Jahr 1947 waren für die Baracken hohe Kosten angefallen-, unter anderem für die Ungezieferbekämpfung. So wurde beschlossen, ab dem 1. April 1947 für ein Zimmer 5 RM und für ein halbes Zimmer 2,50 RM monatlich als Miete zu erheben. In dieser Pauschale waren Strom und Wasser mit enthalten. Strom- oder Wasserzähler gab es nicht.

Geheizt wurden alle Gebäude zu dieser Zeit ausschließlich mit Holz und Kohle. Kohle war allerdings oft nicht zu bekommen, sodass die Einwohner auf Holz angewiesen waren. Von der Gemeinde wurde im Winter immer „das Holzmachen" ausgeschrieben. Das heißt, Bürger sollten sich melden, um gegen Lohn Holzarbeiten durchzuführen. Da zu dieser Zeit viele Einwohner noch mit dem Aufbau beschäftigt waren und zudem noch etliche Männer in Gefangenschaft waren, war die Bereitschaft gering. Die Gemeinde musste androhen, dass derjenige, der nicht hilft, kein Holz zugeteilt bekommt.

Im Januar 1948 durfte jeder Haushalt wieder zum Holzmachen für die Eigenversorgung in den Wald. Einheimische hatten hierfür zwei Tage zur Verfügung. Evakuierte und Flüchtlinge durften nur einen Tag lang Holz sammeln.
Im Februar 1948 wurde vom Gemeinderat beschlossen, dass neu verheiratete Paare- auf Antrag, einen halben Ster Holz zum Heizen und zum Kochen erhalten.

Unterstützung

Zugunsten der Abgebrannten wurden verschiedentlich Sammlungen durchgeführt, so auch in Hettstadt im Dezember 1945. Die Sammlung ergab einen Betrag von 4361 RM.

Der neue Landrat Michael Meisner, legte bei der Städtischen Sparkasse das Konto „Nothilfe für die Gemeinde Hettstadt" mit der Kontonummer 1613, an. Sämtliche Bürgermeister des Landkreises wurden von ihm angewiesen, gesammelte Beträge dorthin einzuzahlen.

Landrat Michael Meisner (1946)

Dieser Aufruf ergab eine Spendensumme in Höhe von 22.000 RM. Besonders spendenfreudig zeigten sich die Nachbargemeinden Eisingen, Helmstadt, Roßbrunn und Oberaltertheim.

Da die sozialen staatlichen Unterstützungen nicht mehr existierten, musste die Gemeindeverwaltung auch hier eingreifen. So erhielten Witwen auf Antrag 27 RM im Monat, Kinder 12 RM.

Dies waren natürlich Belastungen, die die ohnehin knappe Gemeindekasse nicht gerade schonten.

Als eine Bürgerin den Antrag auf Unterstützung stellte, machte der Gemeinderat den Vorschlag, ihr eine neue Waschanlage zur Verfügung zu stellen, damit sie sich selbst einen Verdienst schaffen könne. Als Raum wurde ihr der Waschraum im Schulhaus angeboten. Hilfe zur Selbsthilfe also. Leider kam dieser Vorschlag nicht zur Ausführung. Sie wurde dann als Hilfskraft in der Milchsammelstelle eingestellt.

Zum Weihnachtsfest 1946 richtete die Gemeinde für alle Kriegerwitwen und Frauen, deren Männer noch in Kriegsgefangenschaft waren, eine Weihnachtsfeier im Kindergarten

aus. Jede Frau bekam einen Betrag von 25 RM und jedes Kind 5 RM geschenkt.
Eine solche Feier gab es auch in den Jahren 1947, 1948 und 1949. In diesem Jahr gab es für jeden Erwachsenen zusätzlich ein Essen und für die Kinder einen Beutel mit Süßigkeiten.

Im August 1947 wurde Hettstadt ein Ausgleichszuschuss in Höhe von 30.000 RM zugeteilt. 24.000 RM sollten an die Geschädigten verteilt werden. Für ein Wohnhaus gab es 200 RM, für eine Scheune 90 RM als Entschädigung.

Ab 1. Juli 1945 begann der organisierte Wiederaufbau. Die Gemeinde Hettstadt erhielt vom Forstamt Waldbrunn 600 Fm Holz zugeteilt. Sämtliche Fuhrwerke aus Eisingen, Roßbrunn und Mädelhofen fuhren die Stämme unentgeltlich nach Hettstadt.

Die Verwaltung bildete ein Baukomitee, das über die Reihenfolge der Baumaßnahmen bestimmen sollte. Diesem gehörten neben den Gemeinderäten Johann Fuchs, Ludwig Karl und Wilhelm Götz als Kassier, außerdem die Bürger Karl Ludwig, Hausnummer 36 (Kirchgasse 26), Alfons Hubert, Hausnummer 37 (Kirchgasse 24), Johann Weidner, Hausnummer 49 (Kirchgasse 3) und Josef Seubert, Hausnummer 104 (Würzburger Straße 35) an.

Zudem fasste der Gemeinderat den Beschluss, dass die Rücklagen zum Bau des Hermann-Josef-Heims (geplantes Pfarrheim) in Höhe von 4684,61 RM in die Wiederaufbaukasse überführt werden sollen. In der Wiederaufbaukasse befanden sich schon 13.000 RM, die von der Gemeindekasse dorthin übertragen worden waren.

Im August 1945 besuchten der Landrat Michael Meisner, der Kreisbaumeister Krieb und Leutnant Duchen von der amerikanischen Militär-regierung Hettstadt. Sie verschafften sich ein Gesamtbild über die Gemeinde und sagten Hilfe, vor allem für die Beschaffung von Baumaterialien, zu.

Ebenfalls bereits im September 1945 legte der Baumeister Fischer einen Plan vor, der den Wiederaufbau Hettstadts in aufgelockertem

Bebauungsplan 1945
östlicher Teil der späteren
Zehntstraße – Bauernhöfe.
westlicher Teil Siedlungshäuser.
Friedensstraße - Siedlungshäuser
Durchstich über die Sackgasse zur
Würzburger Straße

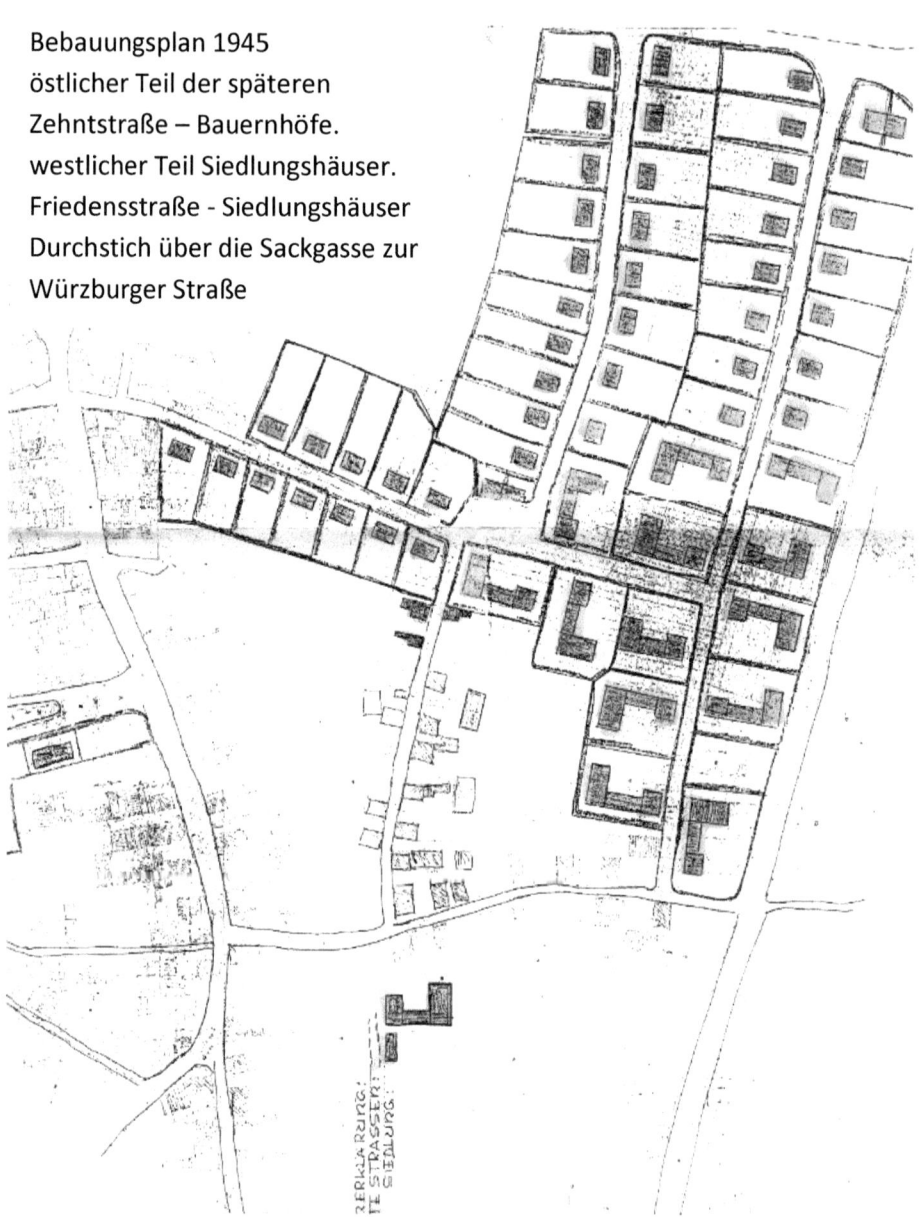

Stil vorschlug. Dieser Vorschlag wurde vom Gemeinderat aber aufgrund der hohen Kosten abgelehnt.

Schon 1938 war ein Plan angedacht worden „in der Zehn" eine Erschließung durchzuführen um neue Bauplätze anbieten zu können. Diese Baulinie lag im Bereich Untere Friedensstraße, Zehntstraße, Sterngasse und der Verlängerung des Wiesenweges. Diese Idee wurde im Februar 1946 wieder aufgenommen.

Kreisbaumeister Architekt Endrich aus Retzbach wurde damit beauftragt, einen Plan auszufertigen.

Im Oktober 1945 wurde das Gemeinderatsmitglied Georg Gram damit beauftragt, die Ortsbeleuchtung wieder instand zu setzen.

Die Gemeindeordnung sah immer noch Frondienstleistungen vor. Das hieß, dass die Bürger verpflichtet waren, Arbeiten für die Allgemeinheit zu leisten, so zum Beispiel beim Wegebau. Da aber einige Bürger diese Dienste nicht leisten wollten, wurde eine Strafe von 4 RM eingeführt. Zudem sollten keine Lebensmittelkarten an die Betroffenen abgegeben werden, solange die Strafe nicht bezahlt war.

Damit der Schutt in den abgebrannten Anwesen so schnell wie möglich abgefahren werden konnte, musste sich jeder nicht Geschädigte ab Montag, dem 8. April 1946, an der Beseitigung beteiligen. Vor allem Bürger die noch Einspannvieh hatten, waren hier gefordert.

Auch musste zur Verbesserung der Fahrwege -, damals waren die Straßen und Wege nicht geteert -, jeder Bürger, der Einspannvieh hatte, eine Fuhre Steine oder Bauschutt auf den vorgegebenen Straßen- oder Wegabschnitt fahren. Ab Frühjahr 1949 konnten die Bürger sich von den Frondiensten frei kaufen. Für 6 DM pro Haushalt und 0,50 DM je Morgen Land konnten sie die Frondienste ablösen. Selbstverständlich konnten sie diese Zahlungen durch geleistete Fron- und auch Spanndienste (Fuhrdienste mit eigenem Fuhrwerk) vermeiden.

Wohnungsausstattung

Im Speicher des Schulhauses lagerten diverse Wehrmachtssachen. Der Wert dieser Gegenstände wurde auf 1939,50 RM geschätzt und an brandgeschädigte Hettstadter Bürger käuflich abgegeben. Geld hatten die meisten Bürger ja noch. Auch war es an Wert noch nicht gesunken bzw. wertlos geworden.

Im Oktober 1945 wurden Wolldecken an die brandgeschädigten Ortseinwohner abgegeben. Diese Deckenhatten sich im Besitz der Gemeindeverwaltung befunden. Sie waren in einem Magazin der Wehrmacht liegen gelassen worden.

Pfarrer Wörner wanderte mit einem Rucksack durch die umliegenden Wälder, um dort weggeworfene Militärkleidung einzusammeln. Diese wurde dann umgefärbt und Zivilpersonen zur Verfügung gestellt. Ebenso besuchte er andere Pfarreien im ganzen Landkreis,- um Kleidung, Wäsche, Hausgeräte und Ackergeräte aller Art zu erbetteln. Vom Leiterwagen bis zum Fingerhut konnte er die Waren an die Bürger von Hettstadt verteilen. Durch Bettelbriefe in der Diözese erbat er Geldspenden.

Pfarrer August Wörner

So konnte er Güter und Geld im Gesamtwert von rund 100.000 RM verteilen.
116 Schränke, 136 Betten, 80 Kommoden wurden kostenlos verteilt. Ebenso 300 Hocker als Sitzgelegenheiten. 600 – 800 RM erhielt so jede abgebrannte Familie je nach Grad der Schädigung.

Kath.Pfarramt   Hettstadt,den 21.10.1945.
Hettstadt

Lieber Herr Konfrater !

[faded typewritten letter]

Beispiel eines der „Bettelbriefe" die Pfarrer Wörner schrieb.

Aber auch als es wieder Bezugsscheine gab, war dies keine Garantie dafür, auch etwas zu erhalten. Ein Beispiel hierfür:
Ein Vater erhielt von Bürgermeister Josef Thenhart einen Bezugsschein für Schuhe für seine Tochter. Sie marschierten von Hettstadt nach Würzburg- Grombühl, wo in einem Keller ein provisorisches Schuhgeschäft eröffnet hatte. Dort angekommen, erhielten sie die Auskunft, dass sie für den Bezugsschein keine Schuhe haben könnten. Sie marschierten dann in die Stadt hinein, wo am Main das Haushaltswarengeschäft Berta Römer eine Verkaufsstelle hatte.

Doch das Einzige, was sie dort erhielten, war ein roter Nachttopf. Sie nahmen ihn mit und wanderten zurück nach Hettstadt.
Da sie keinen Nachttopf brauchten, verschenkten sie diesen an eine Flüchtlingsfamilie, die ihn dankbar annahm. Ein paar Tage später erzählte die Flüchtlingsfrau, dass sie in dem schönen roten Topf Linsensuppe für ihre Familie gekocht habe und bedankte sich noch einmal für das Geschenk.

Oder:- Da Leder für Schuhe nicht zu haben war, bekam ein Mädchen von Verwandten in der Rhön Sandalen geschenkt, die aus alten Autoreifen gemacht waren. Nicht schick, aber praktisch.

Der Bäckermeister Edmund Meßenzehl, der eine Bäckerei in Ochsenfurt betrieb, half den Einwohnern von Hettstadt ebenfalls sehr. Seine Frau Irma war die Tochter des Hettstadter Bäckers Peter Gehr in der Würzburger Straße. Meßenzehl nutzte seine Kontakte im Ochsenfurter Gau und tauschte mit den dortigen Bewohnern Hefe gegen jede Art von Hausrat und Werk-zeug. Die so getauschten Waren übergab er dann an Pfarrer Wörner, der sie an die Bedürftigen in Hettstadt verteilte.

Zuzug

Auswärtigen wurde der Zuzug nur dann gewährt, wenn sie eine Unterkunft nachweisen konnten und sich zudem verpflichteten, keine Versorgungs-ansprüche an die Gemeinde Hettstadt zu stellen.

So wollte im Oktober 1945 Richard Bohnengel ins Haus der Anna Hebling ziehen. Dies wurde genehmigt.
Valentin Kandler aus Breslau stellte den Antrag auf Zulassung eines Lohn-fuhrgeschäftes mit Motor- Reparaturwerkstatt in Hettstadt. Der Gemeinderat hatte nichts dagegen. Doch kam es dazu offensichtlich nicht.
Ein Antrag auf Zuzugsgenehmigung von Helene Rudolph wurde zur selben Zeit abgelehnt. Sie wollte sich als Hausschneiderin in Hettstadt niederlassen.

Der Antrag von Karl Zorn, Hausnummer 156 (Friedensstraße 30), auf Zuzugsgenehmigung eines Dienstmädchens mit Kind aus der russischen Besatzungszone- wurde ebenfalls abgelehnt.
Erst 1948 wurden die Vorschriften über den Zuzug von Ortsfremden gelockert.

Handwerker

Was an allen Ecken und Enden fehlte, waren männliche Arbeitskräfte und vor allem Handwerker.

Der selbstständige Bauingenieur Georg Endres stellte den Antrag, bei der Gemeinde als Bauingenieur für den Wiederaufbau tätig werden zu können. Er wurde durch Kreisbaumeister Krieb als solcher bestätigt und von der Gemeindeverwaltung angenommen.
Da auch auswärtige Bauhandwerker gebraucht wurden, mussten diese natürlich verpflegt und untergebracht werden. Dies geschah anfangs im großen Schulsaal, da Schulunterricht in dieser Zeit nicht stattfand.

Noch im Sommer 1947 wurden die auswärtigen Arbeiter über die Gemeinde versorgt. Die Verpflegung erfolgte in einer Gastwirtschaft. Die Einwohner mussten dazu Lebensmittel beisteuern.

Gasthaus „Martinseck". Das einzige unzerstörte Gasthaus 1945.

Nach dem 1. April 1945 war das „Martinseck"- die einzige unversehrte Gastwirtschaft im Ort. Der „Stern", die „Krone" und der „Engel" waren beschädigt bzw. abgebrannt. Frau Fanny Schmitt, die Besitzerin hatte die Wirtschaft während des Krieges geschlossen, da ihr Mann im Fronteinsatz war. Zudem hatte sie drei Kinder zu versorgen. 1945 wurde sie von Bürgermeister Josef Thenhart gebeten, ihre Gastwirtschaft möglichst bald wieder zu eröffnen, damit wieder ein Versammlungsort im Dorf vorhanden sei. Er sagte ihr Unterstützung bei der Besorgung von Nahrungsmitteln zu, und sie erhielt eine Hilfe aus dem Ort für den Haushalt. Diese wurde von der Gemeinde bezahlt.

Fahrten

Um Fahrten unternehmen zu können, brauchte die Gemeindeverwaltung, aber auch Pfarrer August Wörner ein Fahrzeug. Die meisten waren im Dritten Reich für militärische Zwecke beschlagnahmt, der Rest bei den Angriffen zerstört worden. Um diesem Umstand abzuhelfen, wurde das Sachs-Motorrad von German Sendelbach beschlagnahmt. Sendelbach wurde mit einer unbekannten Summe dafür entschädigt. Mit diesem Motorrad fuhr zum Beispiel Pfarrer Wörner als Sozius in andere Pfarrgemeinden, um nach Hilfe und Spenden zu fragen. Weit bis in den Ochsenfurter Gau fuhr er auf seinen, wie er es nannte, „Bettelfahrten". Und er war sehr erfolgreich!
Im Februar 1946 war dieses Motorrad aber mangels Ersatzteilen nicht mehr einsatzbereit und wurde an den Fahrdienst des Landkreises abgegeben.
Im August 1946 stellte die örtliche Lehrerin Erika Schmitt Gemeinde ihr Sachs-Motorrad zur Verfügung. Das Landratsamt Würzburg ließ Fahrten für gemeindliche Belange zu. Privatverkehr war zu dieser Zeit immer noch verboten. Es fehlte an Benzin und Ersatzteilen. Nur durch amtliche Zu-teilungen, wenn überhaupt, waren solche Güter zu bekommen.

Material

Viele Baumaterialien kamen durch Beziehungen und auch durch „Schmieren" nach Hettstadt. So bekam zum Beispiel Rosa Lannig in der Kirchgasse 50 Zentner Zement aus dem Zementwerk in Karlstadt. Ihre Schwester arbeitete dort im Kindergarten, und das Kind des Zementwerkdirektors war bei ihr in Betreuung.-Ziegel erhielt sie von der Ziegelei in Marktheidenfeld. Dafür brauchte es aber Genehmigungen, da Marktheidenfeld in einem anderen Bezirk lag. Sie musste bei der Militärregierung, dem Landbauamt und dem Kreisbauamt vorsprechen. Vor allem die Militärregierung musste Rosa Lannig erst davon überzeugen, dass sie nicht in der NSDAP oder sonstigen Organisationen der Nationalsozialisten gewesen war.- Auf den Straßen war noch immer viel Militär unterwegs, und es war nicht ungefährlich sich darauf zu bewegen. So war es nicht einfach, den Weg von Hettstadt nach Marktheidenfeld und zurück, zu bewältigen.-Sie hätte von der Ziegelei in Marktheidenfeld letztlich 100.000 Ziegel haben können. Dies hätte gereicht, um vier bis fünf Häuser wieder aufzubauen. Doch mangels Transportmöglichkeiten der Gemeinde konnte sie nur ihren Bedarf nach Hettstadt holen. - Dies brachte ihr natürlich den Neid der Mitbürger ein, die nicht davon profitieren konnten.

Um Ziegel und Backsteine zur organisieren, gab es mehrere Möglichkeiten. Im näheren Umkreis zum einen das Ziegelwerk in Estenfeld, zum anderen das Ziegelwerk Wander in Helmstadt. Da die Anfragen aus Hettstadt die Möglichkeiten der Ziegeleien bei Weitem überstieg, bat die Fa. Wander die Gemeindeverwaltung um die Ausstellung von Dringlichkeitsbitten. Das heißt, die Notwendigkeit der Lieferung wurde von der Gemeindeverwaltung festgelegt. So sollte eine gerechte Verteilung, je nach Dringlichkeit, gewährleistet werden. Die Möglichkeit, in der Ziegelei in Estenfeld Ziegel zu beschaffen, nutzte noch 1948 der aus Niederschlesien vertriebene Franz Langer, der in der Adlergasse bei Maria Siedler, einer Kriegswitwe, wohnte. Sie brauchte für ihr abgebranntes Hofgut und für die Landwirtschaft Hilfe. Deshalb durfte Langer auch nach Hettstadt zuziehen. Er arbeitete in der Ziegelei, bis genug Backsteine für den Hof der „Bauersch Marie" geliefert werden konnten.

Bauholz war, neben Steinen und Ziegeln, eines der wichtigsten Materialien, die zum Aufbau der zerstörten Gebäude benötigt wurden.

An der Straße nach Roßbrunn lagen 200 fm (Festmeter) Langholz. Diese wurden, schon im Juli 1945, von der Gemeinde für 3600,- RM aufgekauft. Ferner schlug der Forstmeister Sell vom Forstamt Waldbrunn vor, die Gemeinde Hettstadt solle das gesamte Bauholz, das in den dortigen Wäldern anfiel, zugeteilt bekommen. Max Erk holte für die Gemeinde im August 1945 mehrmals Bauholz in Waldbrunn. Im September fuhr er zweimal Brennholz für die Gemeinde und dem Kindergarten aus dem Tännig und dem Roten Berg ab.

Dem von der Militärregierung ernannten Bürgermeister Josef Thenhart gelang es durch Verhandlungen und Unterstützung des Forstmeisters, aus den Wäldern von Helmstadt und Uettingen weitere 100 cbm Bauholz zu bekommen.

Im Januar 1946 wurde der Holzarbeiter Matthäus Stockmann beauftragt, in Wallenfels bei Kronach Bauholz einzukaufen. Die Gemeinde bekam den Bescheid, 1000 bis 1200 fm Rundholz beziehen zu können, wenn sie die erforderlichen Bezugsscheine vorlegen könne. Bürgermeister Thenhart unternahm die entsprechenden Schritte bei der Militärverwaltung, um die Scheine zu bekommen.

Das Bauholz durfte nur abgegeben werden, wenn ein Baumeister oder ein Architekt oder ein sonstiger Fachmann zugegen war und auch die Kaufsumme sofort an die Wiederaufbaukasse eingezahlt wurde.

Es wurde aber auch Holz für Gebrauchsgegenstände benötigt. So zum Beispiel Eichenholz zur Herstellung von Fässern und Krautstüchten. Das sind Holzfässer, in denen Kraut eingelegt und gelagert wurde. Büttnermeister Grünewald aus Helmstadt wollte solche Fässer herstellen, brauchte aber dafür Holz, das ihm zugewiesen werden musste.

Als im Saal der Wirtschaft Kempf („Zur Krone") der Parkettboden verlegt werden sollte, musste der Parkettleger einen Bezugsschein für Eichenstämme von der Gemeinde bekommen.

Da das Baumaterial von auswärts irgendwie nach Hettstadt gebracht werden musste, wurden auch auswärtige Fuhrwerksbesitzer dafür herangezogen. Diese erhielten als Verpflegung in Hettstadt einige Liter Bier und einige Dosen Wurst. Dazu wurde noch Brot gereicht.

Im Laufe der Zeit kam es zu Beschwerden, da die Fuhrwerke unterschiedlich beladen waren und die Fuhrleute sich ungerecht entlohnt fühlten. So wurde eingeführt, dass jeder Fuhrunternehmer zur Entlohnung einen Nachweis der gefahrenen Kubikmeter, unter Vorlage der Rechnung, nachweisen musste.

Es wurden zudem nicht mehr genutzte Gebäude abgebaut. Dieses Schicksal ereilte auch das Schützenhaus am Greußenheimer Loch. Mit den Backsteinen dieses Gebäudes wurden die Schäden durch Infanterie-geschosse am Kindergarten ausgebessert und die restlichen Baumaterialien Bürgern zur Verfügung gestellt.

Da die Beschaffung von Kalk ebenfalls auf große Schwierigkeiten stieß, wurde von Fachleuten empfohlen, zum Verputzen der Häuser Lehm zu verwenden.

Hierfür wurde am Leinacher Weg eine Lehmgrube angekauft. Die Besitzer Franz Götz, Johann Fuchs und Georg Schmitt erhielten für den Kubikmeter 0,40 RM als Entschädigung.

Im Februar 1946 wurde beschlossen, am steinernen Hügel einen Steinbruch anzulegen. Die Besitzer Friedrich Schnarr, Wilhelm Hubert, Georg Benedikt und Johann Hubert waren damit einverstanden, ihr Gelände der Gemeinde kostenlos zur Verfügung zu stellen. Sie erhielten aber pro Rute (Längenmaß 2,92 m) 10 RM Entschädigung.

Schlackensteine an den Häusern Würzburger Straße 36, 38 und 40 im Jahr 1950..

Die Fa. Orgeldinger in Würzburg erklärte sich bereit, für die Gemeinde Hettstadt schwarze Hohlsteine herzustellen. Diese Steine bestanden aus Kohlenschlacke und Zement. Jedoch musste die Gemeinde Hettstadt die Arbeitskräfte hierfür stellen. Ca. 30.000 solcher Schlackensteine im Maße von 25 auf 50 cm, wurden für den Wiederaufbau produziert und verbaut. Auf Bildern aus der Zeit danach kann man die schwarzen Steine an den wieder aufgebauten Häusern sehen.

Der ehemalige Pfarrer von Hettstadt, Geistlicher Rat Hermann Josef Meisenzahl, zur der Zeit Pfarrer in Fladungen, kaufte für die geschädigten Hettstadter Bürger im Frühjahr 1946 Baumaterial an. Er kaufte Holz und Dachziegel, welche er den Bürgern Hettstadts unentgeltlich zur Verfügung stellte.
Am 27. März 1946 fuhr Bürgermeister Thenhart mit einigen Gemeinderäten- sowie dem Zimmermeister Karl Rügamer mit einem Lastwagen mit Hänger nach Fladungen. Den Lkw hatten sie vom Kraftverkehr Bayern ausgeliehen. Pfarrer Meisenzahl zahlte zusätzlich noch die 200 RM Leihgebühr für den Lastwagen.

Ab September 1946 wurde die Baumaterialienverteilung im Protokollbuch der Gemeinde aufgeführt. Es wurde genau aufgelistet, wer wie viel von welchem Material bekam. Auch hier wurde wieder die Notwendigkeit der Baumaßnahme für die Verteilung zugrunde gelegt. So wurden natürlich Wohnhäuser bevorzugt bedient, aber auch Scheunen, die zur Lagerung von Getreide oder Stroh gebraucht wurden.
Auch musste nachgewiesen werden, dass der Bauherr wirklich schon so weit war, dass er z.B. die Ziegel auch sofort verwenden konnte. Wer mit seinem Bau noch nicht entsprechend weit war, wurde zurückgestellt und kam erst später zum Zug.
So wurde zum Beispiel am 28. Dezember 1946 der Antrag des Bauern Josef Löser auf Holzzuteilung abgelehnt. Er wollte Stallungen bauen. Da aber noch 50 Scheunen und 12 Wohnhäuser wieder aufgebaut werden mussten, wurde ihm kein Holz zugeteilt. Diese Gebäude hatten Vorrang.

Im März 1947 erhielt die Gemeinde wieder eine Zuteilung von Material. 10.000 Falzziegel und 8000 Backsteine waren zu verteilen.
Die Ziegel wurden in Chargen- zwischen 600 und 5000 Stück- auf fünf verschiedene Baumaßnahmen verteilt.
Die Backsteine, je 1000 Stück, an sieben andere Bauherren.
Diese Mengen reichten für eine einzelne Baustelle bei Weitem nicht aus. Es blieb die Hoffnung auf eine weitere Zuteilung oder die Lieferung durch eine andere Quelle. Dies war allerdings schwierig, da alles reglementiert war. Nur über inoffizielle Quellen konnte man zusätzliches Material bekommen.

Im Juni des gleichen Jahres bekam die Gemeinde 200 fm Rundholz zugeteilt. Dieses sollte für Scheunen verwendet werden.

Ab August 1947 wurden Ziegellieferungen genau nach Baufortschritt zugeteilt. Ausnahmen gab es nur bei Ställen. Diese waren immer noch untergeordnet. Wohnhäuser und Scheunen waren noch immer wichtiger als Ställe. Vor allem die Scheunen wurden zur Unterbringung der Ernten ge-braucht. Stroh, Heu und Getreide waren für das landwirtschaftlich geprägte Hettstadt überlebenswichtig.

Im November 1947 wurden der Gemeinde Hettstadt wieder 6000 Dachziegel zugeteilt. Diese wurden auf fünf Baustellen verteilt. 8000 Backsteine, die Hettstadt erhielt, verteilten sich auf acht Antragsteller. Im selben Monat fuhren der zweite Bürgermeister, Wilhelm Götz und der Zimmermeister Karl Rügamer nach Langenprozelten. Dort verhandelten sie über die Lieferung von Holz einschließlich der Lieferzeit. Das dortige Sägewerk verlangte eine Dringlichkeitsliste für den Holzeinschnitt. Diese wurde von der Gemeinde eingereicht. Neun Bauherren von Scheunen sollten den Zuschlag für das Holz bekommen.

Schon im Dezember 1947 gab es eine weitere Zuteilung von Baumaterial. 8000 Ziegel wurden an drei Baustellen geliefert. Ebenso gab es 10.000 Backsteine, die an zehn Häuser verteilt wurden.

Auch Metall war knapp. Eisenscheine mussten zum Beispiel für Wasserleitungen eingeholt werden. Einen solchen erhielt die Gemeinde im Dezember 1947 in Höhe von 500 kg Eisen.

Nun folgten die Zuteilungen in kürzeren Abständen. Schon im Januar 1948 erhielt die Gemeinde 7.500 Biberschwanzziegel. Diese wurden auf fünf Häuser verteilt. 9.000 Falzziegel gingen an zehn Baustellen.

50 Festmeter Holz, die im April 1948 zugeteilt wurden, gingen- an vier Antragsteller aus Hettstadt.

Ab 1948 gingen auch immer wieder Pläne für Neubauten ein. Diese wurden in den meisten Fällen vom Gemeinderat genehmigt. Um Baumaterial mussten sich die Antragsteller inzwischen selbst kümmern.

Ein Bauherr, der im April 1948 sechs Fichten im Greußenheimer Loch stahl, wurde dafür mit einer Strafe von 30 RM belegt und musste die Fichten abgeben. Zudem rutschte er auf der Zuteilungsliste ganz nach unten.

Landwirtschaft

Da auch viele landwirtschaftliche Geräte zerstört waren, war es ein dringendes Anliegen, dass im Herbst die Ernte gut eingebracht werden konnte.
Während das Getreide von Hand geerntet werden konnte, war das Ausdreschen des Getreides jedoch äußerst mühsam und zeitraubend. Pfarrer Wörner schreibt in seinem Bericht von Verhandlungen mit dem Fakelmannshof auf Oberleinacher Gemarkung, um eine Dreschmaschine zu leihen. Ob diese an Hettstadt verliehen wurde, konnte nicht ermittelt werden. Pfarrer Wörner gelang es jedoch zusammen mit dem Gemeinderatsmitglied Johann Fuchs, am Steinhaukshof, ebenfalls auf Oberleinacher Gemarkung, eine Stahl–Lanz Dampfmaschine auszuleihen. Als Maschinenführer meldete sich Albin Kleedörfer. Als

Dreschplatz bestimmte der Gemeinderat den Acker der Pfarrpfründe an der Point- sowie den Acker von Alois Schnarr.

1946 wurden die Äcker von Gottfried Götz und Adolfine Kempf am Zeller Weg als Dreschplätze bestimmt.

Das Getreide wurde teilweise auf dem Dachboden der Schule gelagert. Viele Scheunen und Lagerräume waren ja der Brandkatastrophe zum Opfer gefallen.

Der Vorschlag der Würzburger Baukommission, in Hettstadt- drei große Feldscheunen zu bauen, in denen die Bauern ihre Ernte einlagern konnten, kam nicht gut an. Die Bauern hatten die Befürchtung, dass ihre Ernteerträge dort zu leicht gestohlen werden könnten. So wurde dieser Plan wieder fallen gelassen.

Ein Problem bei der Aussaat des Getreides im Herbst war das viele nicht eingesperrte Geflügel. Im Oktober 1946 wurde vom Gemeinderat wiederholt darauf hingewiesen, dass das Geflügel eingesperrt werden muss. Der Flurhüter musste darauf achten, dass die Vorschrift eingehalten wurde. Saatgut war knapp, und es konnte nicht hingenommen werden, dass das Geflügel die Saat wieder aus dem Boden ausgrub und fraß. Wurde Geflügel angetroffen, das nicht eingesperrt war, musste der Besitzer pro Stück 1 RM Strafe zahlen.

Im April 1947 wurde erneut darauf hingewiesen, dass Geflügel und Schafe eingesperrt zu halten sind.

Wieder waren Strafen angesetzt:- 1 RM für ein Schaf oder eine Gans, 50 Pfennige für ein Huhn.

Ein weiteres Problem waren die Kartoffelkäfer, die große Schäden an den Pflanzen anrichten konnten. Im Juni 1947 wurden alle Grundstücksbesitzer aufgefordert, auf ihren Kartoffelfeldern die Kartoffelkäfer unbedingt abzulesen

Ein großer Mangel herrschte auch an Stroh für das Vieh. Da viel Stroh am

1. April 1945 verbrannt war, herrschte noch lange danach Mangel an Einstreu. Erst nach der nächsten Getreideernte konnte wieder mit größeren Mengen Stroh gerechnet werden. Als mehr Ställe aufgebaut

und neues Vieh angeschafft worden war, fehlte es deshalb an Einstreu.

Als Abhilfe wurde, wie schon früher immer wieder zugestanden, Laub im Wald zu sammeln, um es als Einstreu zu nutzen,- allerdings nur nach Vorgaben des Waldhüters. Es sollte vermieden werden, dass zu viel entnommen wird, da das Laub für die Humusbildung im Wald sehr wichtig ist.
Auch Futter für das Vieh war knapp. So musste die Gemeinde für den gemeindeeigenen Bullen von den Kuhbesitzern pro Kuh 10 Pfund Hafer einfordern, der dem Bullenhalter übergeben wurde.

Bei einem Besuch von Landwirtschaftsministers Alois Schlögl, im Jahr 1948, wurde der Gemeinde ein Schlepper als Geschenk versprochen. Der Schlepper wurde am 30. April 1950 nach Hettstadt geliefert. Es war zu dieser Zeit das einzige motorisierte landwirtschaftliche Fahrzeug in Hettstadt.
Der Schlepper wurde für die verschiedenen schweren Arbeiten in der Landwirtschaft genutzt. Es wurde ein Schlepperfahrer eingesetzt, als solcher wurde der Landwirt Edgar Kempf bestimmt.

Kurz zuvor kaufte Max Erk als erster Landwirt in Hettstadt, einen Traktor. Seinem Beispiel folgten Alfons Roos, Josef Löser und Alois Schnarr. Es ging allmählich aufwärts.

Verwaltung

Am 22. Juni 1945 wurde Josef Thenhart von der Militärregierung zum Bürgermeister von Hettstadt ernannt. Er war schon von Januar 1930 bis April 1933 Gemeinderat in Hettstadt gewesen.

Josef Thenhart, Bürgermeister 1945 - 1948

Eugen Hubert bestimmte Thenhart zum zweiten Bürgermeister.
Zu Gemeinderäten berief er folgende Bürger:

Fuchs Johann,	Hausnummer 115	(Adlergasse 3)
Fuchs Andreas	Hausnummer 91	(Würzburger Straße 29)
Götz Wilhelm	Hausnummer 184 1/5	(Neuer Weg 11)
Ludwig Karl	Hausnummer 36	(Kirchgasse 26)
Gehr Kaspar	Hausnummer 68	(Zeller Weg 3)
Gram Georg	Hausnummer 179 1/3	(Blumenstraße 9)

Als Gemeindekassier wurde Johann Fuchs bestimmt. Da dessen Anwesen aber komplett abgebrannt war und er sich deshalb erst darum kümmern musste, wurde der bisherige Kassier Gottfried Kornberger ersucht, die Gemeindegeschäfte vorläufig weiter zu führen.
Als neuer Gemeindeschreiber wurde Artur Kempf, Hausnummer 78 (Würzburger Straße 28), ernannt. Als Gemeindediener wurde Karl

Kornberger, Hausnummer 67 (Zeller Weg 1, vorne), bestimmt. Der bisherige Gemeindeschreiber Karl Wolf wurde angewiesen, im Amt zu bleiben und den neuen Gemeindeschreiber einzuarbeiten. Diesen Posten übernahm im September 1945 der kriegsversehrte Mitbürger Martin Kornberger.

Als Wald- und Feldhüter wurde vom Gemeinderat Kilian Götz, Hausnummer 159 ½ (Friedensstraße 31), ernannt. Ein Gemeindeposten, den man heute nicht mehr kennt, der aber zu dieser Zeit sehr wichtig war, wie man noch lesen kann.

Eine weitere wichtige Einrichtung der Verwaltung war der Wohnungsausschuss. Die wenigen noch zur Verfügung stehenden Wohnungen mussten von offizieller Seite verwaltet werden. Dem Ausschuss gehörten der zweite Bürgermeister Eugen Hubert, der Gemeinderat Georg Gram sowie Markus Schiffer, ein Evakuierter aus Würzburg, an. Dieser wohnte in der Hausnummer 178 (Blumenstraße 3).

Am 27. Januar 1946 fanden die ersten freien Gemeinderatswahlen nach der Nazi-Diktatur statt.

Als Bürgermeister wurde wieder Josef Thenhart gewählt.

Wilhelm Götz wurde als zweiter Bürgermeister durch den Gemeinderat gewählt.

Als Gemeinderäte gewählt wurden:

Alfons Roos, Josef Zorn, Karl Ludwig, Andreas Fuchs, Ferdinand Siedler, Georg Gram, Kaspar Gehr und Valentin Rügamer

Nun setzte die Verwaltung schnell wieder ein. So wurde im Mai 1946 eine neue Friedhofsatzung verabschiedet, und Ferdinand Kornberger und Ludwig Krönert wurden als Totengräber angestellt.

Mitte 1947 verlangte das Wirtschaftsamt Würzburg von den Gemeinden, dass sie für Flüchtlinge, Evakuierte und Abgebrannte besondere Ausschüsse aufstellen sollten.

Es wurden für Flüchtlinge Franz Mang, für die Evakuierten Valentin Huppmann, für die Abgebrannten Alfons Hubert und Rosa Lannig und letztlich für die nicht abgebrannten Einwohner Alfons Roos und Josef Zorn gewählt.

Diese Ausschüsse hatten die Aufgabe, die Bezugsscheine für Schuhe, Spinnstoffe und Haushaltswaren zu verteilen.

Am 25. April 1948 gab es die zweiten freien Wahlen nach dem Ende des Krieges.
Bürgermeister Josef Thenhart trat nicht mehr an. Als sein Nachfolger wurde Wilhelm Götz gewählt. Dieser war schon zwei Jahre lang zweiter Bürgermeister gewesen. Zweiter Bürgermeister wurde nun Kaspar Gehr, Hausnummer 68 (Zeller Weg 3).

Wilhelm Götz, Bürgermeister von 1948 bis 1960

Als Gemeinderäte wiedergewählt wurden Alfons Roos und Josef Zorn. Neu in den Gemeinderat gewählt wurden Franz Seubert, Joseph Ludwig, Franz Mang (bis 15. August 1950), Eugen Hubert, Andreas Krönert (nur bis November 1948), Artur Kees, Chrysanth Götz, Ludwig Hubert (ab 4.12.1948) und Josef Albert (ab 15. August 1950)

Dass die Bürgermeister und Gemeinderäte in den Zeiten des Wiederaufbaus gute Arbeit leisteten, zeigt der erste schriftlich fixierte Haushaltsplan von 1950. Er weist in Ein- und Ausnahmen eine Summe von 75.400 DM aus.
Währungsreform

Als am 20. Juni 1948 im westlichen Teil des besetzten Deutschlands die Währungsreform durchgeführt worden war, wurde es mit dem

Bezug von Material wieder einfacher. Es kehrte eine gewisse Normalität in der Gemeinde ein. Viele der zerstörten Gebäude waren wieder aufgebaut. Viele Kriegsgefangene waren zurückgekehrt und konnten ihre Arbeitskraft einbringen. Das Dorfleben ging seinen geregelten Gang.

Man sieht dies vor allem daran, dass die Notwendigkeit der Zuteilung von Baumaterialien weggefallen war. Die Gemeindeverwaltung hatte damit nichts mehr zu tun. Sie konnte sich anderen Themen widmen. Die Gemeinde konnte sich wieder auf ihre eigentlichen Aufgaben konzentrieren, unter anderem dem Straßen- und Wegebau.

1.200 DM kosteten die Straßenbaumaßnahmen in der Langgasse, Valentinusgasse und am Verbindungsweg beim Pfarrgarten zum neuen Weg (heute Brunnengasse), wie ein Eintrag der Gemeindeverwaltung im Juni 1949 mitteilt.

Viele andere Baustellen hatte der Gemeinderat abzuarbeiten. So wurden im Juni 1948 die Valentinusgasse und der Obere Gehegsweg (heute der untere Teil der Würzburger Straße) und etliche Feldwege in Ordnung gebracht. Es folgte der Neue Weg. Das Anfahren und Kleinklopfen der Steine musste in Fronarbeit von den Einwohnern geleistet werden. Die Bauausführung oblag der Fa. Hemmerich aus Würzburg. Deren drei Arbeiter wurden vom ersten und zweiten Bürgermeister und von einzelnen Gemeinderatsmitgliedern reihum verpflegt.

Im August 1948 wurde erneut zur Fronarbeit aufgerufen. Die Feldwege Höchheimer Weg, Gehegsweg, Mädelhofer Weg und Am Schreckenlöchlein mussten unbedingt gerichtet werden.

In der Langgasse wurden die Kandeln (Rinnen) gepflastert. Auch dieser Auftrag ging an die Fa. Hemmerich aus Würzburg.

Im November 1949 wurden dann die Arbeiten für die Kandeln im Zeller Weg und der Valentinusgasse an die Fa. Josef Feineis aus Waldbüttelbrunn vergeben.

Für 1950 wurden die Arbeiten an der Kuh- (Kirchgasse) und der Adlergasse ausgeschrieben. Sie sollten neu beschottert und gewalzt werden.

Auch andere Projekte wurden vier Jahre nach Ende des Krieges angegangen.

1949 wurden Pläne gemacht, das abgebrannte Gemeindehaus (ehemaliges Armenhaus) in der Dorfmitte als Rathaus wieder aufzubauen. Im März 1950 wurden Kostenvoranschläge für die verschiedenen Gewerke eingeholt.

Die Maurerarbeiten erhielt die Fa. Alois Kleinschmitz aus Greußenheim. Die Zimmerarbeiten gingen an den ortsansässigen Zimmermeister Karl Rügamer. Die Baustoffe wurden von der Fa. Sebastian Kuhn aus Homburg angeliefert. Die Tüncherarbeiten erledigte der Tünchermeister Georg Thenhart aus Hettstadt.

Am Sonntag, den 1. Oktober 1950 wurde das neue Rathaus mit einer Feier der Öffentlichkeit übergeben. Um 6:30 Uhr am Morgen wurden die Feierlichkeiten durch einen Weckruf der Musikkapelle Hettstadt eröffnet.

Gäste waren der Architekt Grömling, der den Bau geplant und überwacht hatte, der Regierungsbaurat Lutte aus Würzburg zudem der Landrat Dr. Friedrich Wilhelm.

Dieser betonte die Notwendigkeit des Baues. Hettstadt hatte im Jahr 1950, 1423 Einwohner, und so war es absolut sinnvoll, für die Gemeinde ein Rathaus zu bauen.

Nach weiteren Ansprachen, unter anderem von Pfarrer Wörner, der das neue Rathaus ein „Haus des Friedens" nannte, zogen die Offiziellen zum „Gasthaus Schmitt" (Martinseck), um dort den Frühschoppen und das Mittagessen einzunehmen.

Für die Bevölkerung war ab 13:00 Uhr auf dem Rathausplatz ein Volksfest geplant. Leider setzte nach dem offiziellen Teil Regen ein, so dass die festlichen Vergnügungen für die Allgemeinheit in den Saal der „Krone" verlegt werden mussten. Dort fand am Abend noch eine Tanzveranstaltung für alle statt. Einen großen Beitrag zu den Feierlichkeiten leistete der Gesangverein Eisingen. Er trug sehr zum gemütlichen Beisammensein bei.

Einweihung des neuen Rathauses

Gewerbe

Am Gasthaus „Zum Stern" war das Hauptgebäude, zur Würzburger Straße zeigend, zerstört. Es wurden aber im Nebengebäude bald schon wieder Flaschenbier und Dosenwurst verkauft. Der Sohn von Chrysanth Götz hatte in eine Metzgerei in Zell eingeheiratet und lieferte die Dosenwurst nach Hettstadt.

Das Gasthaus zum Stern – die „Zorns-Wirtschaft". Hier 1910

Die aus heutiger Sicht „Tante Emma Läden" von Alois Götz (ab 1961 Ellengard Blatz) und Margaretha Zorn waren unzerstört geblieben. Doch mangels Lieferungen gab es nur wenige Dinge zu kaufen. Zudem gab es das meiste nur auf Marken.

Jedoch konnten sich viele Einwohner durch ihre Äcker und Gärten selbst versorgen. Auch Schweine und Kühe waren für die Ernährung immer noch in ausreichender Anzahl vorhanden. Hühner, Enten und Gänse gehörten ebenfalls zum Straßenbild des Ortes und lieferten

Eier und Fleisch. Nach Aussage von Bürgern musste damals in der Regel niemand hungern.

Schon am 17. November 1945 erhielt Alfred Zorn, Schuhmacher in der Hausnummer 30 (Kirchgasse 13), die Genehmigung, ein Schuhgeschäft zu eröffnen.
Im Dezember 1945 erhielt der Schuhmacher Karl Seubert, Hausnummer 55 1/3 (Gartenstraße 1), die Genehmigung für eine Schusterwerkstatt.

Ebenso wurde das Vorhaben des Paul Brand, Hausnummer 188 (Sonnenstraße 1), genehmigt, im Januar 1946 eine Verkaufsstelle für Haus- und Küchengeräte, Textilien, Glas und Porzellan zu eröffnen. Dieses Geschäft befand sich an der Stelle, an der heute das Gebäude der Sparkasse in der Würzburger Straße steht.

Haushaltswaren Paul Brandt 1950 – später Sonnenstraße 1

Da inzwischen die Währungsreform durchgeführt worden war, gab es in den Läden auch wieder Waren zu kaufen. Die Lebensmittelläden in Hettstadt wurden darauf hingewiesen, dass sie die Preise für ihre Waren aushängen müssten.

Ein Friseur Krause wollte im Oktober 1948 ein Friseurgeschäft in Hettstadt eröffnen. Ihm wurde mitgeteilt, dass man wohl einen Friseur in Hettstadt brauche, man ihm aufgrund des Wohnraummangels aber keine geeigneten Räume zur Verfügung stellen könne. Wenn er sich selbst Räume verschaffen könne, stehe seinem Zuzug nichts im Wege. Da nichts mehr von ihm zu hören oder zu lesen war, hat er wohl keine Räumlichkeiten gefunden.

Im Spätjahr 1949 wurde der Zuzug des Friseurs Heinrich Ludwig aus Veitshöchheim allerdings abgelehnt mit der Begründung, es arbeiteten schon zwei auswärtige Friseure in Hettstadt. Zudem gäbe es in Hettstadt bereits zwei Friseurgeschäfte. Außerdem würden in Kürze zwei Friseur-lehrlinge ihre Lehrzeit beenden und ebenfalls arbeiten wollen.

Dorfleben

Da die Dorfjugend offensichtlich bei Einbruch der Dämmerung und Dunkelheit öfter Unfug im Dorf anstellte, wurde im November 1945 ein Ausgehverbot für Jugendliche unter 18 Jahren nach 20 Uhr erlassen. Inwieweit dies umgesetzt werden konnte, ist fraglich. Später, im Juni 1946, wurde das Alter auf 16 Jahre gesenkt.

Im November 1945 waren auf Vorschlag des Landrats zwölf zuverlässige Männer aus Hettstadt als Hilfspolizisten aufgestellt worden. Sie sollten, vor allem in der Nacht, Streifendienst durchführen. Als Entschädigung dafür erhielten sie je Stunde 1 RM. Finanziert wurden diese Dienste durch eine Abgabe von 2,50 RM pro Haushalt. Dieser Betrag wurde dann auf 2 RM gekürzt. Im Januar 1946 stellte die Hilfspolizei jedoch stillschweigend ihre Tätigkeit ein. Eine erneute Aufstellung derselben wurde nicht mehr in Erwägung gezogen, da es die Militärregierung ablehnte, die Hilfspolizei zu bewaffnen.

Im Juni 1946 sah sich die Gemeinde aufgrund vieler Diebstähle von Obst- und Feldfrüchten gezwungen, eine Strafe einzuführen. Jeder, der bei einem Diebstahl erwischt wurde musste 100 RM an die Aufbaukasse zahlen. Derjenige, der einen Dieb zur Anzeige brachte, erhielt die Hälfte davon. Zwar gab es den Flur- und Waldhüter und zeitweise auch die Streifen der Hilfspolizei, doch konnten diese nicht überall sein. Die Not der Menschen war teilweise so hoch, dass sie zum Mittel des Diebstahls greifen mussten.

Im Frühjahr 1947 waren die Feld- und Obstdiebstähle immer noch Thema. Nun betrug die Strafe 20 RM und der Dieb wurde acht Tage „öffentlich angeschlagen". Das heißt, dass der Name an einem öffentlichen Anschlagbrett angeschrieben wurde. Der Dieb wurde quasi bloßgestellt.

Das Problem herrschte im Herbst immer noch vor. Von der Gemeinde wurde daher eine Obstwache aufgestellt, die die Obstbäume bewachen sollte. Die Kosten hierfür wurden auf die Baumbesitzer umgelegt.

Auch Holzdiebstahl war immer wieder ein Problem. Wer erwischt wurde, musste mit einer Strafe rechnen.

Ein wichtiger Ortsmittelpunkt war das gemeindliche Backhaus. Hier wurde jeden Tag gebacken. Deshalb wurden Reparaturen am Backhaus auch immer sofort ausgeführt, so eine Reparatur des Kamins gleich in 1945-, im März 1947 Dacharbeiten durch die Fa. Zitter aus Würzburg, Tüncherarbeiten von Tüncher Franz Gehr aus Hettstadt. Außerdem sollte Strom, sprich Licht, von der Fa. Ernst Feineis aus Waldbüttelbrunn eingerichtet werden.

Da die Gemeinde keine Unordnung im Backhaus wollte, wurde die Reihenfolge des Backens verlost. Man nannte diesen Vorgang „Ausspielen". Ziel war, dass das Backhaus von Montag bis Samstag nach Möglichkeit tagsüber durchgehend genutzt wurde um die Kapazität des Backhauses voll auszuschöpfen.

Schon im September 1947 kam der Gedanke auf, für die Gefallenen der Kriege einen Ehrenhain im Friedhof zu errichten. Herrn Geistlichen Rat Meisenzahl wurde eine Planskizze zugesandt. Er fand Gefallen daran und schloss sich der Anregung des Gemeinderates an.

Einweihung des „Ehrenhains" - hier Bürgermeister Wilhelm Götz

Im Frühjahr 1949 wurde eine Sammlung zur Finanzierung des Heldenhains beschlossen. Ebenso wurde am Fastnachtsmontag ein Kappenabend von der Gemeinde ausgerichtet. Er fand im Saal des Gasthauses „Zur Krone" statt. Auch dieser Erlös sollte zur Finanzierung des Ehrenhains dienen.

Ebenso wurde ein Fußballspiel geplant. Der Gemeinderat trat gegen die Gewerbetreibenden in Hettstadt an.

Schon im Mai 1949 wurde dann die Fa. Fischer aus Kleinrinderfeld beauftragt, die Steinmetzarbeiten für die Gefallenengedenkstätte auszuführen. Sie sollte die erforderlichen Gedenk und Abdeckplatten für die Gräber liefern. Es sollte der Gefallenen der Kriege von 1866, 1870/71, 1914 -1918 und natürlich der des Zweiten Weltkriegs 1939 - 1945 gedacht werden.

Für die Gefallenen des zweiten Weltkrieges sollte später je Grab ein Steinkreuz hinzukommen.

An Fronleichnam 1949 wurde die Gefallenengedenkstätte feierlich der Gemeinde übergeben.

Auch bei diesem Anlass wurde eine Sammlung durchgeführt, um die Anlage zu finanzieren.

Ebenso wurde im Sommer 1950 ein Waldfest organisiert. Auch dieses Fest diente deren Finanzierung. Durchgeführt wurde es von der Gemeinde, der Lehrerschaft, den Evakuierten und dem Sportverein. Dazu wurde ein siebenköpfiger Ausschuss gebildet. Der Erlös aus diesem Fest betrug 650 DM.

Als Bischof Dr. Julius Döpfner am 17. Juni 1949 Hettstadt besuchte, konnte die Gemeinde ihm die schön gestaltete Gedenkstätte vorzeigen.

Besuch von Bischof Dr. Julius Döpfner

Auch im Jahr 1950 wurde, zur Finanzierung der Gedenkstätte, wieder ein Faschingstreiben am Faschingsmontag durchgeführt. Diesmal mit einem Umzug, der in der Bevölkerung großen Zuspruch fand. Dieser von der Gemeinde organisierte Faschingsumzug wurde 1951 und 1952 wiederholt.

Faschingszug 1950 – Zur Finanzierung des Ehrenhains im Friedhof

Solche Veranstaltungen zogen natürlich fast die gesamte Bevölkerung von Hettstadt an. Nach sechs Jahren Krieg und Entbehrungen war der Hunger nach Unterhaltung sehr groß. Auf den Bildern der ersten Faschingszüge sieht man eine große Anzahl von Einwohnern als Zuschauer an den Straßen stehen. Auch wenn die Möglichkeiten der Kostümierung noch recht eingeschränkt waren, wurde jede Gelegenheit genutzt. Es wurde fantasievoll improvisiert. Wurde 1950 der Wagen des Prinzenpaares noch von Pferden gezogen, nutzte 1951 das Prinzenpaar schon wieder einen Pkw. Im Jahr 1953 war es dann ein Traktor. Man wusste zu improvisieren.

Faschingszug 1951

Faschingszug 1952

Eine weitere Festivität mit sehr großer Beteiligung der Bevölkerung waren die Erntedankfeste, die bald nach dem Ende des Krieges durchgeführt wurden. Fein heraus geputzt wurden verschiedene Situationen des Dorflebens in einem Festzug dargestellt. Jung und Alt waren bei diesen Umzügen, die durch das ganze Dorf zogen, dabei.

Erntedankfest 1951

Für seine Bemühungen um den Kirchenbau 1933 und die große Unterstützung beim Wiederaufbau des Dorfes wurde dem ehemaligen Pfarrer Hermann Josef Meisenzahl im August 1949 die Ehrenbürgerwürde verliehen. Mit einem ausführlichen Schreiben bedankte sich dieser für die Ehre, die ihm zuteilwurde.

Pfarrer Hermann Josef
Meisenzahl (1932)

Pfarrer Adam Nadler (1908)

Die gleiche Ehre wurde Herrn Christian Wolf aus Unterschorndorf erwiesen. Er hatte sich mit der gärtnerischen und künstlerischen Gestaltung des Friedhofs 1933 um die Gemeinde sehr verdient gemacht.

Im November 1947 gab es schon wieder Tanzveranstaltungen, und der Gemeinderat beschloss, dass pro Veranstaltung eine Gebühr von 30 RM erhoben werden sollte.

Zum 50 jährigen Priesterjubiläum des ehemaligen Hettstadter Pfarrers Adam Nadler am 10. August 1949, der in Ebern wohnte, wurde Bürgermeister Wilhelm Götz als Vertreter der Gemeinde entsandt.

Im März 1949 stellte der Sportverein Greußenheim den Antrag, er wolle im Saal Kempf ein Theaterstück aufführen. Dies wurde von der Gemeinde-verwaltung aber abgelehnt. Die Begründung war einfach-:

Es gab ja schon den Hettstadter Kappenabend. Man wollte sich keine Konkurrenz ins Dorf holen, das Geld sollte im Dorf bleiben.

Schule

Nach dem 1. April 1945 blieb die Schule erst einmal geschlossen. Wie überall wurden die Lehrer zunächst nicht zum Unterricht zugelassen. Sie mussten erst das Spruchkammerverfahren, kurz: die Entnazifizierung, überstehen.
Erst im Juli 1946 wurde wieder ansatzweise Unterricht gehalten. Als erste Lehrerin und Schulleiterin war Erika Schmitt vom Schulrat eingesetzt worden. Sie war bei den Schülern für ihren Unterricht sehr beliebt.

Lehrerin Erika Schmitt   Lehrerin Blum

Im Oktober 1946 wurde vom Kreisschulrat Gunda Kleber aus Oberaltertheim als Ersatzlehrkraft Hettstadt zugeteilt.
Da die Wohnungsverhältnisse immer noch sehr beschränkt waren, wurde ihr in der ersten Lehrerwohnung ein Zimmer zugewiesen. Zudem durfte sie die Küche der zweiten Lehrerwohnung benutzen, bis eine Küche in der ersten Wohnung eingerichtet sein würde. Sie bat nach kurzer Zeit um Zuzugs-genehmigung ihrer Eltern, da sie sich nicht alleine versorgen könne. Dem wurde trotz der Wohnungsnot in Hettstadt zugestimmt. Die Anwesenheit einer Lehrkraft in Hettstadt war den Gemeinderäten sehr wichtig. Doch sorgte Kleber weiterhin für Ärger mit der Gemeinde, da sie darauf pochte, die erste

Lehrerwohnung komplett zu bekommen. Zudem weigerte sie sich, die Küche einrichten zu lassen, da sie diese für sich beanspruchte. Die Wohnung sollte jedoch für eine erhoffte männliche Lehrkraft reserviert bleiben.

Weiterhin war Rita Theuerkaufer, die Tochter des ehemaligen und auch später nochmals eingesetzten Lehrers Theodor Theuerkaufer, als Lehrerin tätig.

Im Dezember stellte die ehemalige Oberlehrerin Luisa Blum, die nach Holzkirchhausen evakuiert war, den Antrag, wieder nach Hettstadt zu ziehen. Da sie schon 27 Jahre in Hettstadt unterrichtet hatte und auch ihre letzte Ruhestätte in Hettstadt erwerben wollte, wurde aufgrund ihrer Verdienste der Zuzug genehmigt.

Eine Klasse wurde in der Kinderbewahranstalt unterrichtet, zwei weitere erhielten den Unterricht in der Schule.

Als Beispiel der Jahrgang 1947/48

Ebenfalls im Dezember 1946 wurden vom Wirtschaftsamt des Landratsamtes ein größerer Herd für die Anstalt und ein kleinerer für die Schule geliefert.

Da im Winter 1946/47 nur wenig Unterricht ausgefallen war, erlaubte der Kreisschulrat für Hettstadt, die Herbst- bzw. Ernteferien auf drei Wochen auszudehnen. Die Kinder waren wichtige Helfer bei der Ernte.

Im Frühjahr 1949 bemühte sich die Gemeindeverwaltung beim Schulrat darum, endlich wieder einen Lehrer für Hettstadt zu bekommen. Wann genau diese Anfrage zum Erfolg führte konnte nicht ermittelt werden.

Vereine

Die Freiwillige Feuerwehr Hettstadt war zu Kriegsende aufgelöst worden. Der Kommandant Edmund Kornberger war bei dem Versuch, am 1. April 1945 Brände zu löschen, in seiner Uniform erschossen worden. Der zweite Kommandant Alois Schnarr wurde von den Amerikanern gefangen genommen und längere Zeit in Ludwigsburg interniert. Geräte und Ausrüstung waren ein Raub der Flammen geworden.

Obwohl die Feuerwehr eine wichtige Aufgabe in einer Gemeinde wahrnimmt, wurde die Freiwillige Feuerwehr Hettstadt erst am 19. Januar 1947 wieder gegründet. 15 Männer aus Hettstadt bildeten den Grundstock der Hettstadter Feuerwehr nach dem Krieg. Erster Kommandant war Otto Kleedörfer. Durch die Rückkehr vieler kriegsgefangener Männer wuchs die Freiwillige Feuerwehr Hettstadt bis zum Jahr 1949 wieder auf 30 Mann an.

Am 13. September 1952 konnte Richtfest des neuen Feuerwehrhauses auf dem Gelände des ehemaligen Löschbehälters bei der Schule gefeiert werden. Jeder an dem Bau Beteiligte erhielt in der Gastwirtschaft von Chrysanth Götz, „Zum Stern", ein Rippchen, vier Glas Bier und fünf Zigaretten. Die Einweihung des Feuerwehrhauses erfolgt am 7. Juni 1953

Aber auch normales Dorfleben zog langsam wieder ein. Der Spielbetrieb der Fußballmannschaft wurde offensichtlich sehr schnell wieder aufgenommen. Im September 1945 sollte die Fußballmannschaft aus Hettstadt zu einem Turnier um den

Ehrenpreis der Stadt Würzburg antreten. Dies tat sie jedoch nicht. Daraufhin wurde der Mannschaft von der Militärregierung ein Spielverbot ausgesprochen. „Der Verantwortliche der Mannschaft, „ein bei Koenig & Bauer tätiger Schlosser", sollte dem Militärgericht überantwortet werden." So heißt es in der Broschüre „Zwischen Zerstörung und Wiederaufbau" des Stadtarchivs Würzburg.

Turnfeste der Turnerriege wurden bereits 1945 wieder besucht, wie ein Bild aus jener Zeit beweist.

Die wiederaufgebaute Wirtschaft des Heinrich Götz, genannt „Bocks-Heinrich", das Gasthaus „Zum Engel" in der Langgasse, wurde schon 1946 wieder als Vereins-Stammlokal genutzt.

1949 formierte sich die Sängerriege wieder und gliederte sich der Sportgemeinschaft Hettstadt (SGH) erneut an. Mit einem großen Fest wurde 1952 die Fahnenweihe der Sängerriege gefeiert.

Die Finanzierung des Vereins lag noch ziemlich im Argen, weshalb der Sportverein im September 1949 einen Antrag an die Gemeinde stellte. Die Mitglieder baten um ein Darlehen in Höhe von 250,- DM. Die Mitglieder wollten für dieses Darlehen haften. Der Gemeinderat stimmte dem Antrag zu.

Fahnenweihe 1951

Turnerriege der SGH 1945
Hinten: Herbert Wilhelm, Hermann Freund, Helmut Reichert
vorne: Helmut Körner, Willy Körner, Werner Seubert, Erich Lannig,
Siegfried Götz

Zudem war der Sportverein von der 10 %igen Kartensteuer befreit,
die war bei Veranstaltungen fällig und an die Gemeinde abzuführen
war.
Auch stellte der wieder gegründete Sportverein den Antrag, den
Sportplatz am Greußenheimer Loch zu erweitern. Die Gemeinde
leitete das Gesuch an das Forstamt weiter, da für Waldgrundstücke
zuständig war. Der Antrag wurde genehmigt.
Mit Hilfe von schwerem amerikanischem Gerät wurde 1952 der
Sportplatz um 90 Grad gedreht. Nun war er von Süden nach Norden
ausgerichtet.

Der Schützenverein, der 1934 verboten worden war, hatte größere
Schwierigkeiten. Das alte Schützenhaus im Greußenheimer Loch, in
der Nähe des Sportplatzes, war abgetragen worden. Die Ziegel
benutzte man zum Ausbessern der Schäden am Dach der

Kinderbewahranstalt. Die Backsteine wurden für den Aufbau der Gebäude im Ort verwendet. Es fehlte an einer Bleibe. Zudem war es Deutschen nach dem Krieg verboten, Waffen zu besitzen. Waffen, die 1945 noch vorhanden waren, mussten bei der Militärregierung abgeliefert werden. Waffen, die versteckt worden waren, waren durch den Brand vernichtet. Die wenigen, die noch existierten durften, auf keinen Fall genutzt werden.

Es gab aber ehemalige Mitglieder der Schützengesellschaft, die eine Neugründung anstrebten. Treibende Kräfte waren vor allem Tünchermeister Georg Thenhart und Michael Körner

Die Mitglieder der Wiedergründung: Alfred Zorn, Franz Kornberger, Georg Thenhart, Michael Körner und Karl Gehr

Am Karfreitag 1953 konnte sich die Schützengesellschaft Hettstadt endlich wieder gründen. Erster Schützenmeister wurde Georg Thenhart, zweiter Schützenmeister Helmut Fuchs. Eine Eingliederung in die Sport-gemeinschaft Hettstadt lehnte man ab.

Doch nach dem Gesetz der Alliierten durfte das Kleinkalibergewehr nicht mehr verwendet werden. Die Sportschützen mussten sich mit dem Luftgewehr zufrieden geben. So benannte sich der Kleinkaliber Schützenverein um in Schützengesellschaft Hettstadt.

Noch im Juni 1953 aber wurde der Antrag der Schützengesellschaft abgelehnt, im Greußenheimer Loch einen Schießstand zu errichten. So schoss man im Garten oder im Hof eines Schützenkameraden oder trainierte auswärts. Erst 1961 konnte wieder ein Gelände für ein Schützenhaus und somit eine Trainingsmöglichkeit in Eigenleistung geschaffen werden.

Der Radfahrverein hatte es ebenfalls äußerst schwer, wieder ein Vereinsleben auf die Beine zu stellen. Räder waren entweder im Dritten Reich konfisziert oder beim Angriff zerstört worden. Wenn dann doch ein Fahrrad wieder angeschafft werden konnte, diente es anderen Zwecken als der Freizeit.

Die Wiedergründungsmitglieder mit den Ehrendamen

Doch schon im Herbst 1951 wurde von einigen Radfahrbegeisterten, darunter Joseph Thenhart, Oskar Seubert und Gustav Falgner, eine Wiedergründung angeregt. Bei einer Wiedergründungsversammlung am 16.09.1951 konnten bereits 25 Mitglieder in den Radfahrverein Edelweiß aufgenommen werden.

Als Vereinslokal wurde das Gasthaus „Zur Krone" bestimmt. Als erster Vorstand wurde am 30. September 1951 Josef Thenhart gewählt. Thenhart war bereits von 1924 bis 1929 Vorstand des Vereins gewesen und blieb es bis 1956.
Eine vom Vorstand der Sportgemeinschaft Hettstadt vorgeschlagene Zusammenlegung des RV Edelweiß mit der SGH wurde von den Mitgliedern abgelehnt. Man wollte eigenständig bleiben.
Wie schwer der Neustart aber war, zeigt, dass noch im Jahr 1954 ein Zuschuss von 50 DM von der Gemeinde gewährt wurde, um dem Verein die Wiederbelebung zu erleichtern.

Kirche

Ein wichtiger und starker Faktor im Dorf war das kirchliche Leben. Wie schon mehrfach erwähnt, hatte Pfarrer August Wörner großen Anteil an der Rettung von zumindest Teilen des Dorfes. Auch nach der Zerstörung setzte er sich stark für die Bevölkerung ein.

Die wiedergefunden Glocke wird am 22. Januar 1947 vom Bahnhof abgeholt.

Da die Kirche weitestgehend von der Zerstörung verschont geblieben war-, nur der Turm war durch Panzerbeschuss beschädigt - konnten die Gottes-dienste nahtlos weiter stattfinden.
Nach dem Ende des Nationalsozialismus konnten diese wieder ohne Einschränkungen abgehalten und besucht werden.
Auch die Wallfahrt nach Walldürn wurde an Fronleichnam 1945 wieder durchgeführt. Angeblich 50 bis 60 Wallfahrer sollen an dieser Wallfahrt, wie sonst auch immer, teilgenommen haben. Die Wallfahrt hatte auch in der Zeit des Nationalsozialismus keinerlei Einschränkungen erfahren und war so ohne Unterbrechung durchgeführt worden.

So war das kirchliche Leben ein geregelter Anker des Dorflebens.
Einen Höhepunkt bot dann der 22. Januar 1947. Eine der im April 1942 abgenommenen und aus Hettstadt abtransportierten Glocken, wurde auf einem Glockenfriedhof in Hamburg wieder gefunden. Am 22. Januar 1947 wurde sie, trotz Kälte und Schnee, feierlich auf einem Pferdefuhrwerk vom Bahnhof in Würzburg nach Hettstadt gebracht. Es dauerte allerdings noch eine Weile, bis sie wieder im Glockenstuhl hing, da die Fachleute für die Anbringung fehlten.

Eine neue Glocke für die 1942 verloren gegangene wurde am 6. April 1952 feierlich eingeholt.

Beispiel für den Wiederaufbau eines Hofes

Hubert August, Hausnummer 101, (Würzburger Straße 38, heute Familie Schrenk), folgendermaßen beschrieben:
Hubert August, 5 Personen, Landwirt; Beschädigung total; der Stall ist noch gut, muss nur neu überdeckt werden.
Um den Zeitraum und die Aufteilung der Lieferungen aufzuzeichnen, werden die Liefer- und Kaufbelege aufgeführt.

- 20. August 1945   900 Steine von der Fa. Karl Wander, Helmstadt

- 06. September 1945   600 Pfannenziegel
                                500 Biberschwanzziegel
                                30 Falz- Firstziegel. – von der
                                Fa. Wander, Helmstadt

- 13. September 1945   100 Biberschwanzziegel – von der Fa. Wander, Helmstadt

- 06. Dezember 1945   1000 Steine – von der Fa. Wander, Helmstadt
                                20 Biberschwanzziegel – von der Fa. Wander, Helmstadt

- 14. Dezember 1945   600 Steine – von der Fa. Wander, Helmstadt

- 15. Dezember 1945   600 Steine – von der Fa. Wander, Helmstadt

(man sieht, dass aufgrund der fehlenden Transportkapazitäten, viele Fahrten notwendig waren)

- 16. März 1946   4 Stahlträger - Fa. Reinhard Eisengroß-handlung, Würzburg.

- 03. – 05. Juli 1946   610 GHB Steine (Schlackensteine)–

Fa. Orgeldinger, Würzburg

- 13. Oktober 1946   Dachstuhl – Fa. Karl Rügamer, Hettstadt

- 02. Februar 1947   30 Quadratmeter Heraglitplatten
           200 m Latten – zugewiesen von der
           Gemeindeverwaltung

- 03. Februar 1947   1500 Biberschwanzziegel geliefert;
           das Dach gelattet und gedeckt.
           Fa. Zitter & Nees aus Höchberg

- 29. März 1947   Langholz (für Holzarbeiten) von der
           Waldabteilung Heuberg nach Hettstadt
           Gefahren
           Olga Lutz aus Waldbüttelbrunn

- 16. Juni 1947   1500 Biberschwanzziegel geliefert und
           das restliche Dach gedeckt
           Fa. Zitter & Nees aus Höchberg

- 23. Juni 1947   Kiefern- und Lärchen Hobelbretter
           (Fußböden)
           Gottlob Berner, Sägewerk, Würzburg

- 23. Juni 1947   11 Fenster gefertigt – Schreinermeister
           Korbinian Galm, Waldbüttelbrunn

- 07. September 1947   5 Türen, 1 Haustüre und
           7 Fensterbretter – Schreinermeister
           Korbinian Galm, Waldbüttelbrunn

- 16. November 1947 Zuweisung von 23 Quadratmeter Lagerholz von
der Gemeinde

- 16. November 1947   Stockwerkstreppe gebaut und geliefert;
           Fußböden gelegt.
           Zimmermeister Karl Rügamer, Hettstadt

| - 11. Januar 1948 | 5,5 Zentner Zementkalk und 10 Zentner Stuckkalk von der Gemeindeverwaltung zugewiesen. |
| - 29. Februar 1948 | 12,13 Festmeter Schnittholz – von der Gemeinde Hettstadt |

Wenn man den Beginn des Wiederaufbaus gleich für den August 1945 annimmt, so brauchte es doch bis November 1947 - Lieferung der Treppe - bis das Haus wieder vollständig nutzbar war.

Je nach Größe des Schadens ging es bei dem einen oder anderen Bauvorhaben vielleicht schneller. Wie schon erwähnt, spielten die Transportmöglichkeiten und auch die Beziehungen eine gewichtige Rolle.
Ich denke, es ist aber nicht falsch zu sagen, dass der Wiederaufbau des Ortes weitestgehend im Jahr 1952 seinen Abschluss gefunden hatte. Das „normale Dorfleben" hat wieder Einzug gehalten. Angesichts der großen Zerstörung des Ortes- eine Leistung, die nicht hoch genug eingeschätzt werden kann.

Oft liest man von den Trümmerfrauen und dem Aufbau in den großen Städten, wie zum Beispiel auch in Würzburg. Doch auch in kleinen Orten wie Hettstadt- sollte diese großartige Leistung der damaligen Bevölkerung nicht vergessen werden.

Nachträge zum Buch „Der Kampf um Hettstadt"

Nachdem ich das Buch „Der Kampf um Hettstadt" veröffentlicht hatte, gab es sehr viele Gespräche mit Personen, die das Ende des Krieges miterlebt haben. Auch konnte ich etliche neue Bilder bekommen. So fand ich es sinnvoll, in diesem neuen Band der „Hettstadter Geschichte(n)" Ergänzungen und neue Erkenntnisse zu veröffentlichen.
- Seinerzeit schrieb ich, dass es in Hettstadt weder Hitlerjugend noch Bund Deutscher Mädel (BDM) gab, beides Jugendorganisationen der national-sozialistischen Regierung. Dies basierte auf Aussagen von Bürgern, die ich bei der Recherche zu dem Buch bekam.
Nun fand ich aber im Schriftverkehr von Pfarrer Wörner einen Brief, in dem er am 4. Juni 1939 ein Sportfest der Hitlerjugend in Waldbüttelbrunn erwähnt, an dem die Gruppe aus Hettstadt teilnahm.

Eine Gruppe der Hitlerjugend aus Hettstadt.

Zudem sind inzwischen Bilder aufgetaucht, die ein Vorhandensein solcher Jugendgruppen beweisen. So existiert sowohl ein Bild einer Gruppe der Hitlerjugend, als auch ein Bild von Mädchen aus Hettstadt in BDM Tracht.

Auch Bildern von Bürger in Uniformen von Organisationen der Nationalsozialisten tauchten auf. Harmlose wie die Fotos vom NSKOV – den *Nationalsozialistischen Kriegsopferversorgung*, aber auch Bilder, die sogenannte „Goldfasane" zeigten, also Leute, die eine Uniform der NSDAP trugen.

Nationalsozialistische Kriegsopferversorgung.

Erntedankfest 1938

Erntedankfest 1938 mit BDM Mädchen.

Erntedankfest 1938 „hinter der Wiese"

- Vor kurzem hatte ich zudem das Glück ein Luftbild von Hettstadt erstehen zu können. Es zeigt den Ort am 14. September 1944.

Hier ein Ausschnitt davon:
Man sieht hier die Greußenheimer Straße, die von der Mitte unten nach links oben verläuft.

Man erkennt auch sehr gut die beiden Baracken und auch die Flakstellungen, die zu diesem Zeitpunkt auf der Höhe direkt nordwestlich des Orts ausgebaut waren.
Die späteren Flakstellungen auf der Höhe des Stadtweges sind zu diesem Zeitpunkt noch nicht vorhanden.

Links unten die Flakstellung, rechts Mitte die beiden Baracken
Bild: Luftbilddatenbank Dr. Carls GmbH, Estenfeld

Hier noch ein paar Geschichten aus diesen Tagen, die es wert sind, erzählt zu werden:

- Am Karsamstag, den 30. April 1945, gegen 17 oder 18 Uhr haben vier junge Soldaten bei der Familie Rothenbucher in der heutigen Blumenstraße- Kaffee und Osterkuchen bekommen.
Einer dieser jungen Männer kam an Weihnachten 1945 wieder zur Familie Rothenbucher zu Besuch und erzählte, dass sie bei dem Angriff der Amerikaner am 1. April geflohen seien. Sie kamen damals bis Versbach, wo sie von amerikanischen Streitkräften gefangen genommen worden sind.

- Ebenfalls an diesem Tag, gegen 12 Uhr mittags- kamen sechs junge Soldaten (Arbeitsdienstmänner?) an das Haus 168 ½ (Martinstraße 18) der Olga Weidner- unter anderem Helmut Mehler und Edwin Frenger. Olga Weidner bot den sechs Soldaten an, Zivilkleider anzuziehen und sich zu verstecken. Diese lehnten jedoch aus Pflichtbewusstsein ab. Sie waren auf dem Weg von Hettstadt nach Kist zu ihrer Einheit. Unterwegs trafen sie aber auf amerikanische Panzer. Sie kehrten nach Hettstadt um und wandten sich wieder an Olga Weidner. Zwei der Soldaten, unter anderem Helmut Mehler, gingen auf die Straße, wo sie von einem Feldwebel entdeckt und mitgenommen wurden. Die vier anderen versteckten sich im Keller.
Nach 18 Uhr kam einer der beiden, die auf der Straße von dem Feldwebel aufgegriffen worden waren, wieder zum Haus der Olga Weidner und wollte die anderen vier Männer holen. Doch Olga Weidner erklärte ihm, diese seien schon weiter gezogen. Tatsächlich lagen die Soldaten aber im Heu und schliefen.
Als in der Nacht auf Ostersonntag die Amerikaner in das Dorf einrückten, wurden die vier gewarnt und flohen Richtung Veitshöchheim. Dort blieben sie 14 Tage. Sie zogen sich dort Zivilkleidung an und schlugen sich in ihre Heimat durch.

- Auch am 3. April wurde von den Amerikanern immer wieder aus Spaß geschossen. Selbst die Panzer gaben ab und an einen Schuss ab. Eine der Panzergranaten durchschlug den Giebel eines Hauses in der Sackgasse, das bei den Kämpfen unbeschädigt geblieben war.

Eine ältere Frau war alleine in ihrem Haus in der Sackgasse geblieben. Sie löschte deshalb auch den ausbrechenden Brand des Dachstuhls, so dass das Haus nicht weiter beschädigt wurde. Als die Amerikaner- nach den Kämpfen- das unbeschädigte Haus besetzten, musste sie von allen Getränken, die die Amerikaner vorfanden, zuerst probieren. Most und Schnaps waren im Keller reichlich vorhanden. Aufgrund dessen war sie völlig betrunken, als ihr Bruder von seinem Versteck im Kleelein zurückkam.

Dieser war mit seiner Familie ins Kleelein geflohen, wo sie mehrere Tage verbrachten. Die Kuh hatten sie mitgenommen, und so hatten sie Milch zu trinken. Verpflegung war auch mitgenommen worden. Zum Glück war es ein warmer und trockener April, so dass sie keinen gesundheitlichen Schaden nahmen.

- Auf Anweisung der amerikanischen Streitkräfte mußte der ernannte Feuerwehrkommandant und spätere Bürgermeister Joseph Thenhart mit dem Mistwagen und einem vorgespannten Pferd die gefallenen Soldaten einsammeln. Sie wurden ohne Sarg in einem gemeinsamen Grab auf dem Friedhof bestattet.

Auch zum Wegschaffen des Großviehs wurde Thenhart eingesetzt. Für diese Fahrten war eine Sondererlaubnis des amerikanischen Militärs notwendig. Wer als Mann keinen offiziellen Auftrag hatte, durfte das Haus in den ersten Tagen des April 1945 nicht verlassen.
Auch Pfarrer Wörner musste am 27. April 1945 erst einen Antrag stellen, bevor er in umliegende Dörfer fahren durfte, damit er dort um Hilfe für Hettstadt bitten konnte.

Von der Veteranenvereinigung der „Hell Cats", der Einheit die 1945 Hettstadt befreite, bekam ich nachstehendes Bild zugesandt.

Das Bild ist mit dem 3. April 1945 datiert. Zu diesem Zeitpunkt lag die 12. Armored Division mit dem 66th Armored Infantry Battailon (AIB) im Bereich links des Maines.

Nach den Kämpfen am 1. April 1945 lagen sie in Ruhe in den verschiedenen Dörfern verteilt.

Auf dem Bild ist ein Sherman Panzer zu sehen. Auf diesem sitzen Infanteristen der D-Company des 66. AIB. In der Kompanie waren nur farbigen Soldaten. Nur die Offiziere waren Weiße.

Nun soll versucht werden herauszufinden, wo das Bild aufgenommen wurde.

Da dieses Haus nicht in Hettstadt stand, interessiert es die Amerikaner herauszufinden, wo diese Aufnahme gemacht wurde.

Ich habe in verschiedenen Orten um Hettstadt angefragt, aber leider kein Ergebnis gefunden.

Wer dieses Haus kennt, oder weiß, wo es stand, möge mich bitte kontaktieren.

Soweit die Ergänzungen zum ersten Buch der „Hettstadter Geschichte(n)".

Quellen:

Literatur:
- Protokollbuch der Gemeinde Hettstadt 1927–1956

- Berichte von Pfarrer August Wörner, Sammlung Mike Geis, ehemals Pfarrarchiv. Verbleib unbekannt

- Hettstadt 1. April 1945 – Michael Geis, Gemeinde Hettstadt, 1985

- „Chronik 80 Jahre RV Edelweiß Hettstadt 1924–2004", RV Edelweiß Hettstadt, Wilhelm Zorn Eigenverlag.

- „100 Jahre SG Hettstadt 1904-2004" – SG Hettstadt, Festschrift 2004

- „Historie der Freiwilligen Feuerwehr Hettstadt" - www.ffhettstadt.de

- „50 Jahre Schützengesellschaft Hettstadt 1926-1976" – Schützengesellschaft Hettstadt Festschrift

- Notizen von Franz Hubert +, Hettstadt, Ringstraße

- Belege zum Wiederaufbau der Hausnummer 101, Würzburger Straße 38 von August Hubert. Zur Verfügung gestellt von seiner Tochter Marianne Schrenk.

- „Zwischen Zerstörung und Wiederaufbau" - kleine Reihe Nr. 28. Ausstellungskatalog März – August 2005 – Stadtarchiv Würzburg

- „Bekenntnisse eines Außenseiters" – Michael Meisner; Würzburg; Main Presse Richter Druck und Verlags-GmbH & Co.KG, 1985

- Bebauungsplan 26.09.1945 – Baumeister Richard Fischer

Erzählungen und Gespräche mit:

Artur Fuchs, Hettstadt
Elisabeth Gömmel, Traunstein
Inge Janker, Hettstadt
Norbert Kaufmann, Hettstadt
Mathilde Kees, Hettstadt
Anni Kempf, Hettstadt
Wolfgang Kornberger, Hettstadt
Otto Kees, Hettstadt
Helmut Langer, Hettstadt
Rosa Lannig +, Hettstadt
Herta Müller, Hettstadt
Inge Rügamer, Hettstadt
Irmtraud Seubert, Hettstadt
Herbert Siedler, Hettstadt
Walburga Siedler, Hettstadt
Christel Starz, Hettstadt
Oskar Thenhart, Hettstadt
Olga Weidner +, Hettstadt
Maria Wolf, Hettstadt

Die Korrektur erfolgte durch Deutsches Lektorenbüro, Würzburg, Frau Dr. Ursula Ruppert.

Dank an alle Mitbürger, die mir vertrauten und ihre wertvollen Bilder überließen. Ebenso an alle, die mir ihre Zeit widmeten und mir aus ihrem Leben erzählten.
Dank an Willy Zorn, RVEH, und Thomas Lorey, SG Hettstadt, für die Zurverfügungstellung der Festschriften.
Vielen Dank auch den Vorableser- /innen, die mir kritisch die Texte korrigierten

Bilder:
Sammlung Mike Geis. Die Herkunft der Originale kann erfragt werden.
Luftbild September 1944: Luftbilddatenbank Dr. Carls GmbH, Estenfeld